BEI GRIN MACHT SICH IHR WISSEN BEZAHLT

- Wir veröffentlichen Ihre Hausarbeit, Bachelor- und Masterarbeit

- Ihr eigenes eBook und Buch - weltweit in allen wichtigen Shops

- Verdienen Sie an jedem Verkauf

Jetzt bei www.GRIN.com hochladen und kostenlos publizieren

Bibliografische Information der Deutschen Nationalbibliothek:

Die Deutsche Bibliothek verzeichnet diese Publikation in der Deutschen Nationalbibliografie; detaillierte bibliografische Daten sind im Internet über http://dnb.d-nb.de/ abrufbar.

Dieses Werk sowie alle darin enthaltenen einzelnen Beiträge und Abbildungen sind urheberrechtlich geschützt. Jede Verwertung, die nicht ausdrücklich vom Urheberrechtsschutz zugelassen ist, bedarf der vorherigen Zustimmung des Verlages. Das gilt insbesondere für Vervielfältigungen, Bearbeitungen, Übersetzungen, Mikroverfilmungen, Auswertungen durch Datenbanken und für die Einspeicherung und Verarbeitung in elektronische Systeme. Alle Rechte, auch die des auszugsweisen Nachdrucks, der fotomechanischen Wiedergabe (einschließlich Mikrokopie) sowie der Auswertung durch Datenbanken oder ähnliche Einrichtungen, vorbehalten.

Impressum:

Copyright © 2016 GRIN Verlag
Druck und Bindung: Books on Demand GmbH, Norderstedt Germany
ISBN: 9783668543980

Dieses Buch bei GRIN:

https://www.grin.com/document/374962

Silvan Wilsch

Body Horror in David Cronenbergs "Die Fliege" und "Die Brut"

GRIN Verlag

GRIN - Your knowledge has value

Der GRIN Verlag publiziert seit 1998 wissenschaftliche Arbeiten von Studenten, Hochschullehrern und anderen Akademikern als eBook und gedrucktes Buch. Die Verlagswebsite www.grin.com ist die ideale Plattform zur Veröffentlichung von Hausarbeiten, Abschlussarbeiten, wissenschaftlichen Aufsätzen, Dissertationen und Fachbüchern.

Besuchen Sie uns im Internet:

http://www.grin.com/

http://www.facebook.com/grincom

http://www.twitter.com/grin_com

Albert-Ludwigs-Universität Freiburg
Medienkulturwissenschaften: Horror Intermedial
vorgelegt von: Silvan Wilsch

14.03.2016

Body Horror in David Cronenbergs *Die Fliege* und *Die Brut*

Der vielfach preisgekrönte Kanadier David Cronenberg ist eine Ikone des Horrorfilms. Er führte Regie und schrieb mit am Drehbuch beim 1979 erschienenen Horrorfilm *Die Brut*, wie auch bei dem 1986 in die Kinos gekommenen Science-Fiction-Horror-Thriller *Die Fliege*. Bevor die beiden Filme auf ihre spezielle Art des Body Horror analysiert werden, soll ein kurzer Überblick über die Handlungen gegeben werden, sowie ein kurzer Abriss über Body Horror im Allgemeinen.

Die Brut (1979): Architekt Frank Carveth lässt sich von seiner Frau Nola scheiden, die bei Dr. Hal Raglan in stationärer psychischer Behandlung ist. Sie teilen sich das Sorgerecht der gemeinsamen Tochter Candy. Raglan behandelt Nola mit einer von ihm entwickelten Methode, mit deren Hilfe sie ihre mentalen und psychischen Probleme materialisiert, sie erscheinen also in Form von psychosomatischen Krankheiten, welche anschließend auf herkömmliche Art medizinisch behandelt und geheilt werden sollen. Frank gibt die gemeinsame Tochter Candy in die Obhut von Nolas Mutter Juliana, als er Spuren von Misshandlungen an Candy feststellt nachdem diese die Mutter besucht hat. Der Zuschauer erfährt gleichzeitig durch ein Gespräch zwischen Nola und Dr. Raglan, dass Nola von ihrer Mutter während ihrer Kindheit misshandelt wurde, ohne dass ihr Vater eingegriffen hat. Am selben Abend wird Nolas Mutter Juliana von einem missgestalteten Kind getötet. Auch Julianas Exmann wird wenig später von einem weiteren missgestalteten Kind getötet, welches anschließend von Frank getötet, wird als es diesen angreift. Bei der Obduktion des Kindes wird festgestellt, dass es keinen Bauchnabel besitzt. Raglan schließt daraufhin seine Klinik und behält nur Nola als Patientin dort. Am nächsten Tag wird Candys Betreuerin von zwei weiteren entstellten Kindern getötet, die anschließend Candy entführen. Frank erfährt derweil von Dr. Raglan, dass Nola ihre unterdrückte Wut und ihren Hass kompensiert, indem sie Wesen gebärt, die die Verursacher ihres Zorns zu beseitigen versuchen. Als die beiden gemeinsam versuchen Candy zu befreien, wird Frank Zeuge, wie Nola eines ihrer 'Kinder' 'gebärt', die in verschieden großen Hautsäcken an ihrem Körper heranwachsen. Sein Ekel ruft Nolas Zorn hervor welcher wiederum weitere entstellte Kinder auf den Plan rufen, die Raglan töten und sich dann gegen Candy wenden. Frank gelingt es Nola zu töten, woraufhin ihre 'Brut' ebenfalls stirbt. Frank flieht mit seiner Tochter, in einer der letzten Einstellungen sieht man jedoch, dass Candys Arme übersät sind mit Hautblasen wie Nola sie hatte.

Die Fliege (1968): Nachdem es dem Wissenschaftler Seth Brundle in seiner Teleportiermaschine gelungen ist, einen Affen erfolgreich zu teleportieren, unterzieht er sich einem Selbstversuch. Dabei gelangt jedoch eine Stubenfliege mit in die Teleportiermaschine worauf Seths DNA mit der der Fliege verschmilzt. Dies verleiht ihm anfänglich nur übermenschliche Kräfte, nach und nach verwandelt er sich jedoch in ein humanoides Fliegenmonster (Brundlefliege). Fortschreitend verliert er seine menschlichen Wesenszüge: er verliert seine menschlichen Körperteile und anstelle derer wachsen ihm insektenartige Körperteile. Seine schwangere Freundin Veronica wird Zeugin dieser Verwandlung, kann Seth jedoch nicht helfen. Veronica hat Angst, da sie nach Seths Teleportationsversuch von ihm schwanger wurde, diese Angst äußert sich in einem Alptraum, in dem sie eine Made gebärt. Seth/die Brundlefliege versucht schließlich das Experiment zu wiederholen, wobei er auch Veronica mit ihrem ungeborenen Kind mit in der Teleportiermaschine haben will um zu einem völlig neuen Geschöpf zu verschmelzen. Dies wird jedoch durch Veronicas Exfreund vereitelt, der die Verbindung zwischen den beiden Teleportboxen zerschiesst und Veronica befreit. Seth/die Brundlefliege versucht sich aus seiner Box zu befreien, wird dabei aber mit selbiger verschmolzen und völlig entstellt. Veronica erschießt schließlich die lebensunfähige Kreatur auf deren Wunsch.

Der Begriff des Body Horror wurde geprägt durch das Film Journal *Screen* der Universität Glasgow, die 1986 dieser Thematik eine ganze Ausgabe widmete. Grundsätzlich geht es beim Body Horror darum, dass das Grauenhafte sich aus der expliziten Darstellung der Zerstörung, dem Verfall, der Degeneration oder Mutation des Körpers speist. Neben David Cronenberg sind Frank Henenlotter, Brian Yuzna, Lloyd Kaufman, Clive Barker und Stuart Gordon namhafte Regisseure in diesem Genre, welches sich aber selbstverständlich über den Film hinaus erstreckt. Linda Ruth Williams beschreibt den Schwerpunkt des Body Horror als „the disturbance of interiors – a terrorism, as it were, of the blood and the viscera"[1]. Die Monster in Cronenbergs Filmen sind keine die unter dem Bett lauern oder aus dem Schrank springen; der Körper selbst ist der Schrank aus dem das Monster hervorspringt[2]. Bei Body Horror geht es folglich um Trennlinien zwischen dem Inneren und dem Äußeren, insbesondere der Haut. Kritiker*innen die sich mit dem Thema Body Horror befasst haben beziehen sich oft auf Kristeva, ihr Essay *Approaching Abjection* wird als zentrales Werk zur Definition des Genres gehandelt. In der Tat hat *abjection*[3] mit innen und außen

---

[1] Linda Ruth Williams: The Inside-out of Masculinity: David Cronenberg's Visceral Pleasures, in: Michele Aaron (Hrsg.) The Body's Perilous Pleasures: Dangerous Desires and Contemporary Culture, Edinburgh University Press 1999, S.34.
[2] Ebenda, S.35.
[3] Hier wird der englische Originalbegriff verwendet da eine Übersetzung ins Deutsche nicht ohne Bedeutungsverlust stattfinden kann. Abject/abjekt kann der Ekel vor einem selbst sein, es kann auch als das 'Verworfene' übersetzt

zu tun; wie Kristeva schreibt: es ist eine Revolution „of being, directed against a threat that seems to emanate from an exorbitant outside or inside, ejected beyond the scope of the possible, the tolerable"[4]. Das Abjekte befasst sich laut Kristeva oft mit Dichotomien und Gegensätzen, wie man beispielsweise an ihren Ausführungen über rein/unrein und passend/unpassend erkennen kann. „A wound with blood and pus, or the sickly, acrid smell of sweat, of decay, does not signify death [...] [they] show me what I permanently must thrust aside in order to live [...] there, I am at the border of my condition as a living being"[5]. Auch hier taucht wiederum eine Trennlinie auf. Sie führt weiter aus, dass eine Leiche der Inbegriff des Abjekten sei, „the most sickening of wastes[, it] is a border that has encroached upon everything. It is no longer I who expel, 'I' is expelled"[6]. Es ist also der Übergang oder Bruch von Trennlinien wie rein/unrein, innen/außen oder Leben/Tod die beim Genre Body Horror eine buchstäblich abstoßende (abject) Reaktion hervorrufen: „it made me sick"[7].

Bakhtin präsentiert eine ähnliche These die unter dem Begriff des grotesken Körpers ('grotesque body') zusammengefasst wird[8]. Der groteske Körper zeigt nicht nur die äußeren, sondern auch die inneren Eigenschaften und Bestandteile des Körpers: Blut, Eingeweide, Herz und andere Organe: „down, inside-out, vice versa, upside down, such is the direction of all these movements"[9] fügt Bakhtin hinzu. Es sind die Öffnungen des Körpers, die zur zentralen Bühne der Vorstellung des Grotesken werden, da es bei Körperöffnungen wie Mund, Anus oder Vagina zur Überschreitung oder Durchbrechung der Trennlinie zwischen dem Körper und der Außenwelt kommt[10]. In anderen Worten, Körperöffnungen repräsentieren nicht nur die Grenze zwischen innen und außen, sondern auch die Schwelle zum Innenleben in das das Äußere eindringt. Daher schreibt Bakhtin, „the main events in the life of the grotesque body [...] take place in this sphere. Eating, drinking, defecation and other elimination [...], as well as copulation [and] pregnancy"[11].

Schwangerschaft und Geburt sind folglich in hohem Maße beides, abjekt und grotesk. Sowohl in *Die Fliege* wie auch in *Die Brut* inszeniert Cronenberg Geburten (s. Anhang) die beim Publikum

---

werden, wie dies oft in feministischen Texten geschieht. Im Kontext des Horror Genres würde man wohl am ehesten vom 'Abstoßenden' sprechen. Die Verbindung zum Ekel/Grusel entsteht durch das Eigenleben des Verworfenen im innern des Subjekts.
4 Julia Kristeva: Approaching Abjection, in: Leon Roudiez (Übersetzer) Powers of Horror: An Essay on Abjection, New York Columbia University Press 1982, S.1.
5 Ebenda, S.3.
6 Ebenda, S.3f.
7 Barbara Creed: Kristeva, Femininity, Abjection, in: The Monstrous – Feminine: Film, Feminism, Psychoanalysis, Oxon Routledge 1993, S.10.
8 Mikhail Bakhtin: Rabelais and His World, in: Pam Morris (Hrsg.) The Bakhtin Reader: Selected Writings of Bakhtin, Medvedev, Voloshinov, London 1994, S.234.
9 Bakhtin: Rabelais and His World, S.234.
10 Ebenda, S.234.
11 Ebenda, S.234.

Unbehagen auslösen. In *Die Brut* 'gebärt' Nola, geschwängert durch ihren Hass und ihre Wut, deformierte Kinder die in Hautbeuteln oder Wulsten an ihrem Körper wachsen. In der vorletzten Szene reißt sie eine dieser Wülste mit ihren Zähnen auf; zähflüssiges, blutiges Fruchtwasser bedeckt ihren Mund und der Fötus tritt hervor, ist somit geboren. In Ronnies Albtraum in *Die Fliege* sieht sie sich eine sich windende, blutüberströmte Made gebären: „A little suction here, a little suction, hold it, hold on a minute, there's more in there"[12] sagt dazu Cronenberg, der in dieser Szene den Arzt mimt.

Bakhtin sieht Geburt als grotesk an, da der groteske Körper aus Körperöffnungen und Auswölbungen besteht, die einen weiteren, frisch empfangenen Körper darstellen[13]. Daraus kann man schlussfolgern, dass Bakhtins grotesker Körper stark weibliche Züge hat. Bei Kristeva ist es nicht nur die Geburt, die abjekt ist, sondern die Frau selbst: „The body must bear no trace of its debt to nature: it must be clean and proper in order to be fully symbolic. In order to confirm that, it should endure no gash other than that of circumcision, equivalent to sexual separation and/or separation from the mother. Any other mark would be the sign of belonging to the impure, the non-separate, the non-symbolic, the non-holy"[14]. Da der weibliche Körper jedoch mütterliche Funktionen erfüllt, die in Verbindung stehen mit verunreinigten Substanzen wie Fäkalien und Menstruationsblut, erkennt er diese Schuld an die Natur an und wird daher abjekt. Darüber hinaus weist Creed darauf hin, dass es nicht einfach nur der weibliche Körper ist, der abjekt wird, sondern speziell der Mutterleib, der Raum in dem ein anderer Körper empfangen wird: „the womb represents the utmost in abjection for it contains a new life form which will pass from inside to outside bringing with it traces of its contamination – blood, afterbirth, faeces"[15]. Cronenberg schafft durch die Inszenierungen der Geburten die Sichtbarwerdung des Inneren wie auch des Äußeren; und wie könnte es besser gelingen das Groteske und Abjekte zu zeigen, das Cronenbergs Body Horror innewohnt

Nolas Geburtsszene in *Die Brut* (s. Anhang) ist auffallend abjekt, da es die Dichotomie von innen und außen visualisiert und diese Trennlinie in Frage stellt; Nolas Haut wird zur Grenze, die überschritten wird. Zuerst wird Nolas Haut von Dr. Hal Raglan durchbrochen, der mental in die Körper seiner Patient*innen eindringt und sie ermutigt zu offenbaren was sie verinnerlicht haben, also das Innere nach Außen zu kehren. In Nolas Fall offenbart und manifestiert sich ihre innere Wut

---

12 David Cronenberg: The Fly (SLM Production Group, 1986), 1:12.
13 Bakhtin: Rabelais and His World, S.234.
14 Kristeva: Approaching Abjection, S.11.
15 Barbara Creed: Woman as Monstrous Womb: The Brood, in: The Monstrous – Feminine: Film, Feminism, Psychoanalysis, Oxon Routledge 1993, S.49.

in einer Brut von deformierten, ungeborenen Kindern, die, wie Raglan von außen nach innen dringen muss, durch die Haut von innen nach außen dringen müssen um auf der anderen Seite herauszukommen und geboren zu werden. Auf einem der Filmplakate sieht man eines der mutierten Kinder, das von innen an der Wulst krallt und versucht die Haut zu durchdringen (s. Anhang). Mit Fortschreiten der Geburtsszene wird Nola zu einer Art verdrehten Göttin der Fruchtbarkeit stilisiert: ganz in weiß gekleidet, erhöht auf einem Podest und von einem hellen Licht von oben herab erleuchtet. Als sie ihre Arme hebt formt ihr Nachthemd die Flügel eines widernatürlichen Engels (s. Anhang). Creed beschreibt diesen Moment mit folgenden Worten: „mystery and suspense give way to pure horror"[16]. Nola ist die ultimative Mutter, die ultimative Frau in ihrer Fähigkeit neues Leben zu erschaffen und deshalb umso abjekter - „her generative functions position her on the side of the abject"[17]. Wenn sie ihren Fötus gebärt, taucht dieser aus Blut und Fruchtwasser auf – Körperflüssigkeiten die abjekte Grenzen überschreiten. „Nolas ability to give birth links her directly to the animal world and to the great cycle of birth, decay and death"[18], schreibt Creed. Dies wird umso deutlicher wenn sie ihren neugeborenen Fötus animalisch sauber leckt; eine Szene, die in vielen früher Fassungen geschnitten wurde (s. Anhang). Es ist diese Verbindung zur Tierwelt und dessen Kreislauf des Lebens die Nola wiederum in der Sphäre des Abjekten positionieren. Doch Nola weist das Abjekte nicht zurück, wie Kristeva es von ihr erwarten würde. Ihre Akzeptanz ist unheimlich, da sie das Kind in den Augen der Zuschauer ablehnen sollte. Creed stellt schließlich sogar fest, dass Nolas monsterhafte Kinder gar nicht wirklich geboren werden, da sich während der Autopsie-Szene herausstellt, dass das Kind keinen Bauchnabel besitzt. Wenn also eine normale Geburt schon grotesk und abjekt ist, dann ist nicht-geboren-werden erst recht grauenerregender Body Horror.

Ronnies Traumsequenz in *Die Fliege* ist gleichermaßen abjekt. Zusätzlich zur abjekten Vorstellung der Geburt fügt Cronenberg hier das unheimliche 'Andere' (*other*) hinzu: etwas das nicht menschlich ist und es eben doch ist – das hybrid verschmolzene Fliegen/Menschen Kind. Es ist die Vorstellung des Andersartigen, das in den Körper eindringt, das die Grauenhaftigkeit des Body Horror in dieser Szene erzeugt. Wie zuvor schon erwähnt, wird die Geburt als etwas abjektes gehandelt, da sie laut Kristeva, den Platz der Frau im Tierreich von Geburt, Tod und Zerfall bestätigt[19]. Dies wird bei der Geburt der Traumszene noch verstärkt, da Ronnie eine Made gebärt – ein Tier, das sich auch noch vom Zerfall ernährt (s. Anhang). Obwohl Ronnie jedoch, genau wie

---

16 Creed: Woman as Monstrous Womb: The Brood, S.45.
17 Ebenda, S.46.
18 Ebenda, S.47.
19 Creed: Woman as Monstrous Womb: The Brood, S.47.

Nola in *Die Brut*, eine abjekte und groteske Mutter ist die gebärt, findet sie doch Erlösung, wird moralisch wieder aufgewertet, da sie, im Gegensatz zu Nola, ihren Maden-Fötus schreiend zurückweist[20]. Es gibt jedoch noch eine weitere Art Geburtsszene in *Die Fliege*: Brundles Teleportiermaschine wird zum Ort der Neuverhandlung einer hybriden Identität als Brundle mit der Fliege verwächst. Williams schreibt dazu: „Brundlefly itself is the genetic 'child' of Seth and housefly [...] a mating has taken place [...] >>and we hadn't even been properly introduced<< says Seth wryly"[21]. Das Hybridwesen aus Mensch und Tier, die 'Brundlefliege' wurde also in dieser Teleportiermaschine geboren. Zu diesem Thema schreibt Creed, dass mutterleibartige Räume in anderen Filmen (z.B. *Aliens*, *The Manitou*) Räume sind, bei denen der Fokus auf dem Werden, Verändern und Wandeln liegt[22]. Die Teleportiermaschine in *Die Fliege* ist der abjekte, mutterleibartige Raum in dem Subjekt A Subjekt B trifft und Subjekt C als ein genetisches Kind der beiden entsteht. Nachdem die Brundlefliege erscheint, fährt sie, wie der groteske Körper, fort sich zu verändern und zu wandeln: „his body is one in the act of becoming. It is never finished, never completed; it is continually built"[23]. Seth, der Mensch, wird immer insektenartiger.

Williams schreibt: „the Cronenbergian abject is male"[24]. In *Die Brut* ist es jedoch zweifelsohne weiblich. In *Die Fliege* ist Seth Brundle das Subjekt in dem die meisten abjekten Formen umgesetzt werden; dennoch würde ich vorschlagen, dass selbst hier das Abjekte nicht männlich ist. Williams bemerkt, dass als die Brundlefliege ihr grauenhaftes „Brundlemuseum of Natural History" erstellt, Seth diejenigen Körperteile offenlegt, die Trennlinien definieren: die Ohren und das, was allgemein als sein Penis angesehen wird[25]. „They leave behind gaping holes"[26], stellt Williams fest. Folglich wird Seth/die Brundlefliege dadurch weiblich gemacht: wie die abjekte Frau hat er nun eine Öffnung, eine Körperöffnung die bezeichnenderweise genau dort ist, wo einst sein Penis war. Die Trennlinie zwischen männlich und weiblich, die Gendergrenzen, werden auf unheimliche Art und Weise verzerrt und verschwimmen. Um es mit Carol Clovers Worten auszudrücken: „gender is less a wall than a permeable membrane"[27]. Wie Frauen auch, hat Seth/die Brundlefliege nun eine Leerstelle in sich, an der sich früher außen das Symbol seiner Männlichkeit befand. Williams betont die Bedeutung der Körperwandlung: „There is a direct correlation between how much of his insides

---

20 Kristeva: Approaching Abjections, S.1.
21 Williams: The Inside-out of Masculinity, S.36.
22 Creed: Woman as Monstrous Womb: The Brood, S.50.
23 Bakhtin: Rabelais and His World, S.234.
24 Williams: The Inside-out of Masculinity, S.35.
25 Williams: The Inside-out of Masculinity, S.37.
26 Ebenda, S.37.
27 Carol Clover: Her body, himself. Gender in the Slasher Film, S.80.

come out and how little of his reasonable self is left"[28]. Ich würde zusätzlich vorschlagen, dass es eine direkte Korrelation gibt, zwischen der Menge der Körperteile die Seth verliert und dem Maß an Männlichkeit, dass noch übrig ist.

Die abjekte Geburt spielt auch eine Rolle bei der genetischen Vererbung der 'Krankheiten' in *Die Fliege* und *Die Brut*. Krankheiten sind hochgradig abjekt, etwas, dass man stets versucht von sich fernzuhalten und das einen tief in uns sitzenden evolutionstechnisch bedingten Ekel hervorruft. Kristeva beschreibt Krankheit als: „[something that] I permanently must thrust aside in order to live"[29]. Je mehr Seth in *Die Fliege* von seiner 'Krankheit/Mutation' befallen ist desto mehr beginnt sein Körper zu verfallen und eitrige Pusteln überziehen ihn. Er wird, wie Kristevas 'Leiche', „the most sickening of wastes" - „death infecting life"[30]. In *Die Brut* vererbt Nola ihre 'Krankheit' an ihre Tochter, gegen Ende des Films sehen wir, dass sich eine kleine Ansammlung von Wölbungen auf Candys Arm befindet. Creed schreibt dazu: „the disease which is being passed from mother to daughter is the disease of being female"[31]. Gleichsam führt Seths 'Krankheit' dazu, dass seine Männlichkeit im wahrsten Sinne des Wortes von ihm abfällt – sie macht ihn weiblich. Die Krankheit, das Abjekte insgesamt wird verweiblicht. Body Horror versucht in diesen Filmen Grenzen zu überschreiten – den Körper zu öffnen: „Every body is a book of blood; wherever we're opened, we're red"[32]. Das führt beim Zuschauer zu einer abjekten Reaktion, wie auch Creed ihre eigene Reaktion beschreibt: „it scared the shit out of me"[33]. Cronenbergs Body Horror versucht Trennlinien zu durchbrechen oder aufzulösen, innen wird zu außen und innen sind wir blutrot. Body Horror umfasst Kristevas Abjektes ('abject'), Freuds Unheimliches ('uncanny') und Bakhtins Groteskes ('grotesque'). Es versucht das Innere aufzurütteln und stellt die Stabilität herkömmlicher Strukturen auf den Kopf indem das Innere nach außen gekehrt wird und vice versa. Desweiteren: Body Horror „involves a representation of, and reconciliation with, the maternal body". Es ist jedoch die Frau mit ihrer Gabe der Geburt die in Cronenbergs Filmen *Die Fliege* und *Die Brut* als besonders abjekt und grotesk dargestellt wird. Außerdem soll durch das Überschreiten der Grenze zwischen männlich und weiblich eine besonders unheimliche Situation produziert werden. Die Gender-Thematik ist damit ein nicht zu unterschätzender Faktor in Cronenbergs Body Horror, deren weitere Erforschung lohnenswert erscheint.

---

[28] Williams: The Inside-out of Masculinity, S.36.
[29] Kristeva: Approaching Abjections, S.3.
[30] Ebenda, S.3f.
[31] Creed: Woman as Monstrous Womb: The Brood, S.47.
[32] Clive Barker: The Books of Blood, Vol.1 London 1988, Epigram.
[33] Creed: Kristeva, Femininity, Abjection, S.10.

Anhang:

Screenshots aus *Die Brut*:

Screenshots aus *Die Fliege*:

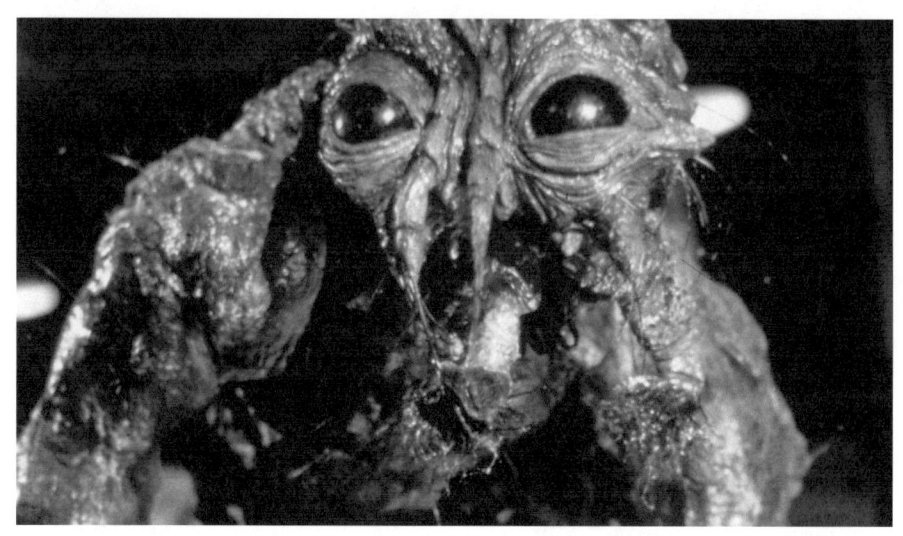

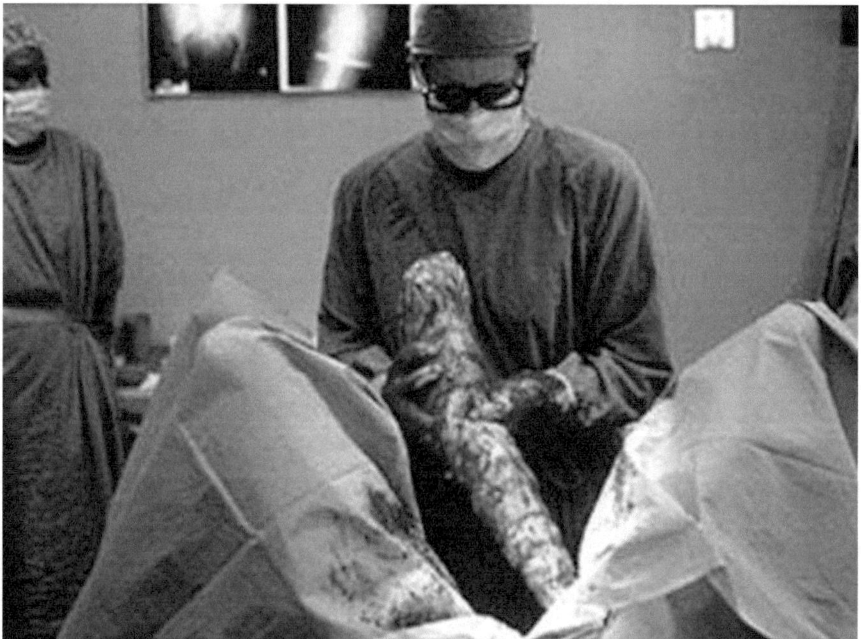

Quellenverzeichnis:

Filmquellen:

The Brood, David Cronenberg (Canadian Film Development Corporation (CFDC), 1979)

The Fly, David Cronenberg (SLM Production Group, 1986)

Sekundärliteratur:

Bakhtin, Mikhail: *Rabelais and His World,* in: Pam Morris (Hrsg.) The Bakhtin Reader: Selected Writings of Bakhtin, Medvedev, Voloshinov, London: Edward Arnold Ltd, 1994, S. 194-244.

Clover, Carol: *Her body, himself. Gender in the slasher film,* in: Howard Bloch (Hrsg.) Representations 20: Misogyny, Misandry, and Misanthropy 1987, S. 187 – 228.

Creed, Barbara: *Kristeva, Femininity, Abjection,* in The Monstrous – Feminine: Film, Feminism, Psychoanalysis, Oxon: Routledge, 1993, S. 8-15.

Dies.: *Woman as Monstrous Womb: The Brood,* in The Monstrous – Feminine: Film, Feminism, Psychoanalysis, Oxon: Routledge, 1993, S. 43-58.

Cronenberg, David and Rodley, Chris, *Cronenberg on Cronenberg,* London: Faber and Faber Limited, 1993, Interview, ohne Seitenzahlen.

Freud, Sigmund: *From The "Uncanny",* in: Vincent B. Leitch (Hrsg.) The Norton Anthology of Theory and Criticism: Second Edition, London 2010, S. 824-841.

Kristeva, Julia: Approaching Abjection, in: Leon Roudiez (Übersetzer) Powers of Horror: An Essay on Abjection, New York, Columbia University Press, 1982, S. 1-31.

Williams, Linda Ruth: *The Inside-out of Masculinity: David Cronenberg's Visceral Pleasures,* in: Michele Aaron (Hrsg.) The Body's Perilous Pleasures: Dangerous Desires and Contemporary Culture Edinburgh: Edinburgh University Press 1999, S. 30-48

BEI GRIN MACHT SICH IHR WISSEN BEZAHLT

- Wir veröffentlichen Ihre Hausarbeit, Bachelor- und Masterarbeit

- Ihr eigenes eBook und Buch - weltweit in allen wichtigen Shops

- Verdienen Sie an jedem Verkauf

Jetzt bei www.GRIN.com hochladen und kostenlos publizieren